# DIARIO
# PARA
# VIVIR
## *tu propósito*

ESTE DIARIO PERTENECE A

_____

Título: Diario para vivir tu propósito
Subtítulo: Un sendero guiado para encontrar el éxito y la paz interior
Autor: Wayne W. Dyer

Título original en inglés: LIVING YOUR PURPOSE JOURNAL
Copyright © 2021 by the Estate of Wayne W. Dyer
Originally published in 2021 by Hay House, Inc.

Primera edición en España, abril de 2022

© Para la edición en España, El Grano de Mostaza Ediciones

Impreso en España
ISBN PAPEL: 978-84-124159-6-4
ISBN EBOOK: 978-84-124159-7-1
DL: B 2866-2022

El Grano de Mostaza Ediciones, S.L.
Carrer de Balmes 394, principal primera
08022 Barcelona, Spain
www.elgranodemostaza.com

# DIARIO
# PARA
# VIVIR

## *tu propósito*

UN SENDERO GUIADO PARA ENCONTRAR
EL ÉXITO Y LA PAZ INTERIOR

## DOCTOR WAYNE DYER

EL GRANO Ð MOSTAZA

# INTRODUCCIÓN

Wayne Dyer fue un escritor extraordinario, pero nunca dejó de ser también un profesor, siempre guiando con el ejemplo, y contento de compartir cualquier comprensión que tuviera, o los descubrimientos que hizo, con el resto de nosotros. Estamos muy agradecidos de aún poderle oír a través de sus numerosos libros, conferencias y vídeos, pues sus palabras resuenan ahora más que nunca. Esto nos trae a este diario, que incluye algunos de sus escritos sobre cómo vivir una vida auténticamente exitosa y pacífica, la vida que ciertamente Wayne tuvo.

Como tenía ocho hijos, en una ocasión dijo que lo que más quería era que sus hijos "se valoraran a sí mismos, que tomaran riesgos, que confiaran en sí mismos, que estuvieran libres de estrés y ansiedad, que fueran capaces de celebrar sus momentos presentes, de experimentar una vida saludable, de cumplir con sus vocaciones espirituales, de ser creativos y, lo más significativo, que vivieran con una sensación de paz interna, independientemente de cualquier circunstancia externa y de todas ellas". Sentimos que todos y cada uno de nosotros se beneficiaría de este tipo de vida, de una vida en la que tuviéramos el coraje de escuchar la voz de nuestra alma, de elegir el amor en lugar del miedo, de hacer aquello para lo que se nos puso en esta tierra.

Tenemos la esperanza de que este diario te ayudará a realizar el propósito de tu vida. Y no te preocupes si no sabes cuál es ese propósito, pues hay muchos ejercicios para ayudarte a descubrirlo, retirar los obstáculos hacia él y manifestar el apoyo Divino y práctico que necesitas para completarlo. También encontrarás citas inspiradoras de Wayne y de otros que esperamos te den ánimos. Como dijo en su película *El Cambio:* "Cuando entiendes que no haces las cosas por lo que alguna otra persona va a hacer por ti, sino que las haces porque estás viviendo el propósito de tu vida, puedes iluminar el mundo entero con ese tipo de amor. Así es como funciona para mí".

Que este libro pueda hacer lo mismo por ti.

*Los editores de Hay House*

El éxito y la paz interior son tu derecho de nacimiento. Tú eres un hijo de Dios; y, como tal, tienes derecho a una vida de alegría, amor y felicidad.

# AL COMENZAR, ES VITALMENTE IMPORTANTE QUE TE LLEGUE ESTE MENSAJE:

Tú no eres tu cuerpo, ni tampoco eres tu personalidad, ni ninguna de tus posesiones o logros. Tú eres el amado, un milagro, una parte de la perfección eterna, una pieza de la Divina Inteligencia que sustenta a todas las personas y cosas de este planeta. Has venido a esta tierra durante un breve paréntesis en la eternidad por una razón. Y mantenerte alineado con lo que sientes que es tu propósito es la clave para vivir una vida que funcione plenamente, día tras día.

Una de las preguntas que me hacen más a menudo es "¿Cómo puedo encontrar mi propósito?". El que pregunta a menudo elabora su dilema diciendo: "Sería más feliz si pudiera cumplir mi propósito en la vida, pero simplemente no sé cuál es". La utilidad de este diario es responder a esa pregunta. En él comparto palabras de sabiduría que me han ayudado y han ayudado a muchos otros, así como una serie de ejercicios para ayudarte a sintonizar *activamente* con la voz de tu verdadero ser. Aquí he usado la palabra activamente a propósito, pues la acción es crítica para asegurarte de que lo que está en tu mente se manifieste en tu vida. También te animo a emplear la creatividad todo lo posible a lo largo del proceso. Hay muchos ejercicios escritos, pero si eres una persona más visual, también hay muchas oportunidades para que dibujes o pegues *collages* en estas páginas. Como quiera que desees hacer los ejercicios, asegúrate de tener el tiempo necesario para completarlos: este viaje no tiene un marco temporal concreto.

Date cuenta de que usaremos afirmaciones a lo largo del diario, poderosas declaraciones para ayudarte a manifestar tus sueños en la realidad. Aquí también haré referencia a un poder superior, al que llamamos Dios, Espíritu, la Fuente, lo Divino, el Tao, o el Universo; no importa cómo elijas llamarlo y tampoco tienes que ser una persona religiosa para encontrar y vivir tu propósito.

Es de esperar que cuando lleguemos al final del libro, sentirás el milagro que eres, y estarás listo para aceptar el éxito y la paz interna que son derechos tuyos de nacimiento.

# CREO QUE TODOS LLEGAMOS A ESTE MUNDO CON MÚSICA DENTRO DE NOSOTROS, UNA MÚSICA QUE ESTAMOS DESTINADOS A TOCAR, PASE LO QUE PASE. PODRÍAMOS TRATAR DE IGNORARLA, PERO ANTES O DESPUÉS NECESITAMOS TOCAR ESA MÚSICA SI QUEREMOS DISFRUTAR DE UNA VIDA DE ÉXITO Y PAZ INTERNA.

Hay algo silencioso en tu interior que tiene la intención de que te expreses a ti mismo. Ese algo es tu alma diciéndote que escuches, y nunca te dejará en paz. Puedes intentar no hacerle caso o aparentar que no existe, pero en los momentos honestos de comunión contemplativa contigo mismo, sentirás ese vacío esperando que tú lo llenes de música. Quiere que asumas los riesgos que la expresión conlleva, y que ignores a tu ego y a los egos de los demás que dicen que lo mejor para ti es un camino más fácil, más protegido o más seguro.

Cuando no sigues tus instintos, ciertamente puedes encontrarte viviendo una vida cómoda. Pagas las facturas, rellenas los formularios correctos y vives una vida encajada, haciendo las cosas según los cánones. Pero esos cánones fueron establecidos por otras personas. Ya es hora de cambiar eso.

¿Cuál es tu pasión? ¿Qué conmueve tu alma y te hace sentir que estás en completa armonía con cómo viniste aquí originalmente? Anota en el espacio en blanco cualquier cosa que te venga a la mente.

# SI TE CUESTA ENCONTRAR ALGO POR LO QUE SIENTAS PASIÓN, VOLVAMOS A TU INFANCIA.

¿Hay algún elemento que represente una vocación temprana de tu alma: tal vez una historia corta que escribiste, un dibujo que pintaste, una insignia de *boy scout* o un premio por algún servicio? ¿Te dio ánimos algún profesor por algo que habías hecho o creado, y que significaba mucho para ti? No se trata de espaldarazos o logros; más bien, es un intento de hacer que recuerdes lo que te movía es esas edades tempranas, que todavía puede estar dentro de ti a día de hoy. Explora este tema ahora. También puedes dibujar una representación del elemento de modo que lo mantengas en primer plano de tu mente a medida que avanzamos.

"Encuentra algo que te apasione y mantente tremendamente interesado en ello".

— JULIA CHILD

# ENTIENDE QUE TE PRESENTASTE AQUÍ COMO UN NIÑO PEQUEÑO QUE CONTENÍA UN NÚMERO INFINITO DE POTENCIALIDADES.

Muchas de tus opciones permanecen inexploradas debido a un programa condicionante, y es de esperar que bien intencionado, diseñado para hacerte encajar en la cultura de tus cuidadores. Probablemente, casi no tuviste oportunidades de estar en desacuerdo con las predisposiciones culturales y sociales establecidas para tu vida.

Es posible que hubiera algunos adultos que te animaran a tener una mentalidad abierta, pero si eres honesto contigo mismo, sabes que tu filosofía de vida, tus creencias religiosas, tu manera de vestir y tu lenguaje son en función de lo que otros determinaron que era correcto para ti. Si montaste algún lío para ir en contra de este condicionamiento previamente organizado, probablemente oíste voces todavía más fuertes insistiendo en que volvieras al redil y que hicieras las cosas "como siempre se han hecho". Encajar tomó prioridad con respecto a tener una mentalidad abierta a nuevas ideas.

Haz una lista de los mensajes que recibiste a lo largo de los años y que te desanimaron de perseguir tus intereses o tu ser creativo —o incluso curioso—. Escribe libremente, o observa cómo tu mente rellena los espacios en blanco de las siguientes propuestas:

*Yo no puedo ser* _____ *hasta que . . .*

_____

_____

_____

_____

*Si alguna vez* _____ ,
*decepcionaría a los que dependen de mí.*

_____

_____

_____

_____

_____

_____

_____

*Una vida de éxito debe contener . . .*

_____

_____

_____

_____

_____

_____

_____

_____

_____

# AQUELLO EN LO QUE PIENSAS SE EXPANDE.

Si has tenido una mentalidad cerrada, necesariamente has interactuado con esas nociones de la mentalidad cerrada, y verás evidencias de tu forma de pensar prácticamente en cualquier lugar adonde vayas. ¿Cuáles son algunos ejemplos de este tipo de pensamientos procedentes de tu pasado? ¿Han impactado en ti o te han distanciado de la vida de tus sueños la mentalidad cerrada o algunas ideas de juicio? ¿De qué maneras?

Por otra parte, si decides —no te equivoques con respecto a esto, es una elección— tener una mente abierta a todo, entonces actuarás sobre tu energía interna, y serás el creador, así como el receptor de milagros, donde quiera que estés.

¿Qué significaría empezar a tener una mentalidad abierta, es decir, darle la espalda al antiguo condicionamiento y ver el mundo con ojos nuevos? Examina las creencias negativas que has anotado en el ejercicio anterior y considera cómo habrían cambiado tus elecciones si nunca hubieras internalizado esos mensajes. ¿Cómo te sentirías al saber que puedes responder a la llamada de tu alma?

"Una mente cerrada es una mente moribunda".

— EDNA FERBER

## SUELTA EL APEGO A LAS CREENCIAS INCULCADAS EN TU EDUCACIÓN. ABRE LA MENTE A TODAS LAS POSIBILIDADES, PORQUE TANTO SI CREES QUE ALGO ES POSIBLE COMO IMPOSIBLE, EN AMBOS CASOS TENDRÁS RAZÓN.

Tu acuerdo con la realidad y con todo lo que es posible determina aquello en lo que te convertirás. Si estás convencido de que no puedes ser rico, famoso, artístico, un atleta profesional, un gran cantante o cualquier otra cosa, actuarás a partir de esa convicción interna que te impide manifestar lo que realmente te gustaría. Lo único que conseguirás con tus esfuerzos será tener razón.

¿Cuáles son algunas de las cosas que has creído que nunca podrías llegar a ser? ¿Cómo sabes que esas creencias son "ciertas"?

Una mente abierta te permite explorar, crear y crecer. Una mente cerrada sella cualquier exploración creativa. Recuerda que el progreso sería imposible si hiciéramos las cosas como siempre las hemos hecho. De modo que asegúrate de abrirte a otras personas, especialmente a aquellas que quedan fuera de tu círculo social normal, y escucha sin juicio lo que tengan que decir.

La capacidad de participar en milagros —verdaderos milagros en tu vida— ocurre cuando abres tu mente a tu potencial ilimitado. Explora este tema aquí: ¿Cuáles son algunas de las creencias que has descartado como imposibles o por no merecer ser examinadas? ¿Crees que puedes abrirte a nuevas personas e ideas ahora?

Siempre tienes elección con respecto a cómo reaccionas ante cualquier cosa que la vida te ofrezca.

# A MEDIDA QUE TE INVOLUCRAS CON OTRAS PERSONAS, ES IMPORTANTE QUE SIEMPRE, SIEMPRE, SEAS FIEL A TI MISMO. PUEDES SER ABSOLUTAMENTE RESPETUOSO CON LOS DEMÁS Y, AUN ASÍ, ELEGIR HACER LO QUE ES CORRECTO PARA TI.

Tienes elección: ¿Tomarás un camino que no te es familiar y tal vez resulte arriesgado o elegirás no examinar tus creencias y quedarte con la versión de tu vida implantada en ti por las influencias familiares y culturales que dictan con precisión quién eres y cuáles deberían ser tus aspiraciones?

Muchas personas creen que no tienen elección; sienten que los problemas les han sido impuestos por factores externos sobre los que no tienen ningún control. Cuando era terapeuta y tenía una consulta privada, ofrecía repetidamente a mis clientes todo tipo de herramientas para facilitar que descubrieran que son la suma total de todas las elecciones que hacen. Al principio siempre se resistían, pues querían culpar o encontrar excusas, y yo les decía que eso era una opción.

Puede dar miedo soltar todas esas creencias con respecto a tus limitaciones, pues no tendrías absolutamente a nadie a quien culpar cuando las cosas no fueran como te gustaría. Sin embargo, es necesario asumir total responsabilidad por cada aspecto del viaje que estás emprendiendo.

Hazte una promesa a ti mismo ahora. Di: "Estoy comprometido a seguir con aquello que me hace feliz. El Universo coopera conmigo para que esto fructifique. Aparecerán las personas correctas, los obstáculos quedarán barridos, se materializarán las circunstancias necesarias y la guía estará presente".

## ASUMIR RESPONSABILIDAD POR TU VIDA Y POR TUS ELECCIONES RESULTA MUY EMPODERADOR.

Estás diciendo: "Es posible que no entienda por qué me siento así, por qué tengo esta enfermedad, por qué me siento víctima, o por qué tuve este accidente, pero estoy dispuesto a decir sin ninguna culpa ni resentimiento que me apropio de ello. Vivo con ello, y soy responsable de ello, puesto que lo tengo en mi vida".

¿Por qué hacer esto? Si asumes responsabilidad por tenerlo, entonces al menos tienes una oportunidad de responsabilizarte también de retirarlo o de aprender de ello. Si de algún modo menor —tal vez desconocido— eres responsable de ese dolor físico o de esa alteración emocional, entonces puedes ponerte a trabajar para retirarla o descubrir qué mensaje tiene para ti. Si, por otra parte, en tu mente el responsable es algo o alguien más, entonces, por supuesto, tendrás que esperar hasta que cambien para que tú mejores. Y es poco probable que ocurra eso.

Reflexiona sobre la situación cuando experimentes algo que no es bien recibido. ¿Qué tienes que ganar de cualquier obstáculo aparente? ¿Puedes ver el papel que has desempeñado en las circunstancias y que eres responsable de atraerlas? (Posteriormente comentaremos cómo usar nuestras mentes para eliminar esas energías que no son bien recibidas y cómo cambiar nuestras vibraciones a esas otras que están más en armonía con nuestro propósito.)

# EL MAYOR REGALO QUE SE NOS DA A CUALQUIERA DE NOSOTROS ES **EL DON DE NUESTRA IMAGINACIÓN.**

Cada una de las cosas que ahora existe fue una vez imaginada... y todas las cosas que van a existir en el futuro primero deben ser imaginadas. Sin embargo, a menudo he notado que la mayoría de las personas ni siquiera tienen un indicio del poder que existe dentro de ellas si aprenden a aplicar la extraordinaria capacidad de sus propias mentes.

Si quieres lograr algo, cualquier cosa, primero debes aprender a esperarla de ti mismo. Si no puedes imaginarla, no puedes crearla. De modo que vamos a tratar de usar tu imaginación ahora. Anota cómo sería tu vida ideal: por ejemplo, ¿qué ocurriría cada día? Tómate algún tiempo para cerrar los ojos e involucrar todos tus sentidos: ¿Qué te gustaría ver, oír, oler, saborear o tocar? La idea es hacerlo tan detallado como sea posible, para empezar a ejercitar el asombroso poder de tu imaginación.

"Lo que la imaginación aprehende
como Belleza debe ser verdad,
tanto si existía antes como si no".

— JOHN KEATS

# SUPÓN QUE TIENES QUE ELEGIR ENTRE DOS VARITAS MÁGICAS. EN EL CASO DE LA VARITA A, SIMPLEMENTE AGITÁNDOLA PUEDES OBTENER CUALQUIER COSA FÍSICA. CON LA VARITA B PUEDES TENER UNA SENSACIÓN DE PAZ PARA EL RESTO DE TU VIDA, INDEPENDIENTEMENTE DE LAS CIRCUNSTANCIAS QUE SURJAN.

¿Cuál elegirías? ¿Prefieres garantizarte una serie de cosas o la paz interna para el resto de tu vida? Si optas por la paz, entonces ya tienes la varita B.

Es importante entender que, si estás enfocado en adquirir cosas, eso no es un propósito. Disfrútalo todo, claro, pero nunca hagas que tu felicidad o tu éxito dependan de un apego a cualquier cosa, a cualquier lugar y, particularmente, a cualquier persona.

Volviendo al último ejercicio, lo que sujeta tu vida ideal es *cómo te hace sentir*. Por ejemplo, si has escrito sobre dejar el trabajo o ganar la lotería, lo más probable es que lo que haya debajo de eso sea el deseo de una vida de libertad. Así, si vuelves a repasar lo que has escrito bajo esta nueva lente, ¿qué destaca para ti?

Escucha a
tu corazón,
y expresa la
música que
oyes.

# TÓMATE UN MOMENTO AHORA MISMO Y SEÑÁLATE A TI MISMO. APUESTO A QUE EL DEDO ESTÁ APUNTANDO A TU CORAZÓN. NO AL CEREBRO, SINO AL CORAZÓN. EL CORAZÓN ES QUIEN ERES.

A continuación, piensa en una situación y pregúntate qué es más importante para ti: lo que sabes o lo que sientes. En general, aquello de lo que te ocupas en primer lugar depende de la situación y de las circunstancias en las que estás. Tu cerebro lógico puede estar calculando exactamente cómo se supone que tienes que actuar en una relación cuando las cosas están colapsando —o cuando son extáticas—, y también hay momentos en los que tu corazón intuitivo supervisará lo que sabes. Si te sientes con miedo, atemorizado, solo —o, por otra parte, fascinado, amoroso, encantado—, estas serán las fuerzas dominantes sobre las que actuarás. Estas son las ocasiones en las que tu intuición tiene razón. El corazón siempre te guiará apasionadamente hacia tu propósito.

¿Qué te dice la lógica sobre el propósito de tu vida? Ahora sintoniza con tu corazón. ¿Cuál dice que es tu propósito?

# EL PROPÓSITO DE TU VIDA (SEGÚN LA LÓGICA)

# EL PROPÓSITO DE TU VIDA (SEGÚN TU CORAZÓN)

# TODOS TENEMOS UN DESTINO, UN DHARMA QUE COMPLETAR, Y HAY INTERMINABLES OPORTUNIDADES, PERSONAS Y CIRCUNSTANCIAS QUE SURGEN A LO LARGO DE NUESTRA VIDA PARA ILUMINAR NUESTRO CAMINO.

Estas crean pequeñas chispas que nos llevan a reconocer: "esto es para mí, esto es importante; esta es la razón por la que estoy aquí". Estas chispas son señales para prestar atención, sentirse asombrado y saber que están siendo encendidas por la misma Fuente Divina que es responsable de toda la creación.

Yo siempre he tenido muchas ganas de decir sí a la vida creyendo que, cuando confío en mí mismo, estoy confiando en la misma sabiduría que me creó. Esa chispa interna es Dios hablándome, y yo simplemente me niego a ignorarla. Yo sé que si siento la chispa y algo se enciende en mí, el proceso de ignición es lo invisible, la Fuente, la esencia misma de toda la creación, y mi confianza en ella es máxima.

Cultivar tu propia capacidad de reconocer esas chispas comienza cuando prestas atención a la intuición. Cuanto más confíes en tu corazón, más verás que todas las cosas están en puro alineamiento con tu propio dharma.

¿Ya has sentido esas chispas de reconocimiento? ¿O puedes pensar en otras ocasiones en las que tu corazón te empujó con tanta fuerza hacia algo que ahora sabes que ese algo forma parte de tu propósito?

# VIVIMOS EN UN MUNDO RUIDOSO, BOMBARDEADO CONSTANTEMENTE POR MÚSICA A TODO VOLUMEN, SIRENAS, EQUIPAMIENTOS DE CONSTRUCCIÓN, AVIONES, CAMIONES ESTREPITOSOS, SOPLADORES DE HOJAS, CORTADORAS DE CÉSPED Y TALADORES DE ÁRBOLES.

Estos sonidos no naturales y producidos por el ser humano invaden nuestros sentidos y mantienen a raya al silencio. De hecho, hemos sido criados en una cultura que no solo rehúye el silencio, sino que se siente aterrorizada ante él. La radio del coche siempre debe estar puesta, y cualquier pausa dentro de una conversación es un momento de vergüenza que la mayoría de las personas llenan rápidamente de parloteo. Para muchos, estar solo es una pesadilla, y estar solo en silencio es pura tortura.

¿Cómo te sientes con respecto a sentarte en silencio? Si alguien te diera el regalo de tener una hora sin nada que hacer, pero tuvieras que estar en silencio, sin distracciones, ¿le darías la bienvenida? Anota aquí tus pensamientos al respecto.

"Cuando el mundo entero
está en silencio, incluso una
voz se vuelve poderosa".

— MALALA YOUSAFZAI

# TE ANIMO A ABRAZAR EL SILENCIO, Y A EXIGIR CADA VEZ MÁS TIEMPO PARA ÉL EN TU VIDA.

Una de las maneras más eficaces de que esto ocurra es hacer de la meditación una práctica diaria. Explora los diferentes tipos que hay para ver qué práctica resuena contigo. Y recuerda, no existe una mala meditación. Yo procuro meditar cada vez que me detengo en un semáforo. Con el coche parado y mi cuerpo inactivo, a menudo lo único que sigue moviéndose son los pensamientos en mi mente. Uso esos dos minutos que paso en el semáforo para poner mi mente en armonía con el coche y con mi cuerpo inertes. El silencio me ofrece unos beneficios tremendos. Probablemente me detengo en un semáforo veinte o treinta veces al día, lo que genera entre 40 minutos y una hora de silencio. Y siempre hay alguien detrás de mí para informarme de que se me ha acabado el tiempo rompiendo el silencio con una sonora bocina.

Prueba esto: repite el sonido *ahhhh* por la mañana y el sonido *om* por la noche durante aproximadamente 20 minutos. Esto crea una oportunidad de que experimentes la paz interna y el éxito de un modo que tal vez no hayas conocido antes. (Si quieres aprender más sobre meditación, hay muchos libros maravillosos, así como programas de audio, vídeos y practicantes que te pueden ayudar; también podrías empezar con mi libro *Getting in the Gap*.)

¿Cómo puedes empezar a incorporar más silencio y meditación a tu vida? Usa este espacio para anotar las prácticas que te interesan o las que ya estás haciendo. Planea un programa y procura adherirte a él. Incluso cinco minutos por la mañana, o antes de ir a dormir, o al comenzar o terminar el traslado diario al trabajo, serían un estupendo comienzo. Vuelve a esta página periódicamente y escribe aquí cualquier resultado que notes.

En cualquier
momento de
tu vida en que
estés sintiéndote
descentrado en
algún sentido, ve
a la naturaleza y
encuentra la paz.

# LA NATURALEZA TIENE UNA MANERA MARAVILLOSA DE CURAR MUCHAS ENFERMEDADES.

Por ejemplo, si alguna vez sufres insomnio, camina descalzo por la hierba durante diez minutos antes de ir a la cama. Seguro que a esto le sigue un sueño dichoso.

Procura pasar un día en un lugar aislado, escuchando únicamente los sonidos de la naturaleza: los pájaros, los insectos, el crepitar de las hojas, el viento. Estos son los sonidos sanadores que pueden compensar los penosos ruidos de los camiones de 18 ruedas, las hormigoneras, los aparatos de música a todo volumen y cosas parecidas.

Date la oportunidad de estar en la naturaleza salvaje de manera regular, como parte de las rutinas de tu vida. Anota ahora unas cuantas ideas de lugares en los que puedes conectar con la naturaleza. ¿Qué puedes hacer hoy? ¿Esta semana? ¿Este mes? Piensa en lugares a los que puedas ir en cualquier momento, así como en lugares a los que aspiras a ir y que pudieran requerir cierta planificación. Procura comprometerte a, al menos un día al mes, estar solo en comunión con la naturaleza: esta es la terapia definitiva.

# ENCUENTRA UNA OPORTUNIDAD DE OBSERVAR UN PEQUEÑO BROTE SALIENDO DE UNA SEMILLA.

Si no lo puedes hacer en persona, busca vídeos online a cámara rápida. Permítete sentir asombro ante lo que ves. La escena de una semilla brotando representa el comienzo de la vida, sin embargo, nadie en este planeta tiene siquiera una pequeña pista de cómo funciona todo esto. ¿Qué es esa chispa creativa que hace que brote la vida? ¿Qué creó al observador, la conciencia, la observación y la percepción misma? Las preguntas son interminables.

Mientras sientes este asombro ante la creación, recuerda que cualquiera que sea la ley universal que haya sido empleada para manifestar un milagro en cualquier parte, en cualquier momento y en cualquier cosa —¡incluyendo esa semilla!— todavía sigue vigente. Nunca ha sido derogada, y nunca lo será. Tú posees esa misma energía para ser un obrador de milagros, pero solo si crees verdaderamente y tienes certeza dentro de ti.

Permítete sentarte sabiendo que formas parte de esa energía creativa, amorosa y milagrosa. Cuando te sientas preparado, expresa lo que este ejercicio te ha producido, bien de manera pictórica o bien con palabras.

# TÚ ERES UNA CREACIÓN DIVINA, Y NO PUEDES ESTAR SEPARADO DE ESO QUE TE CREÓ.

Si puedes pensar en Dios como en un océano, y en ti mismo como en un contenedor, en los momentos en los que te sientas dubitativo, perdido o solo podría resultar útil recordar que eres un contenedor de Dios. Cuando hundes tu vaso en el océano, lo que tienes es un vaso de Dios. No es tan grande ni tan fuerte como un contenedor, pero sigue siendo Dios. Mientras te niegues a creer otra cosa, no te sentirás separado de Dios.

Cuando te sientes separado de Dios, pierdes tu poder Divino, el poder de tu fuente, que es el poder ilimitado de crear, de ser milagroso, y de experimentar la alegría de estar vivo. Tu ego es el responsable de esta desconexión. Por eso es imperativo que domes ese ego y atesores tu Divinidad.

Es posible que este sea un tema incómodo para algunos, ¿cómo te hace sentir?

"Tú eres un milagro, y todo
lo que tocas podría
ser un milagro".

— THICH NHAT HANH

## ANTES DE TOMAR FORMA, NUESTRA MENTE Y LA MENTE DE DIOS ERAN LO MISMO, LO QUE SIGNIFICA QUE ÉRAMOS LIBRES DE LAS LIGADURAS DE LA MENTE EGO.

Cuando estamos en armonía con nuestra naturaleza Divina, no tenemos pensamientos que nos digan que no podemos lograr algo; nuestros pensamientos tienen una energía más elevada.

Tu ego quiere que vivas en un estado de autoimportancia, pero lo único que es verdaderamente importante es estar alienado con el Espíritu. Debes trabajar cada día para domesticar las exigencias del ego. Si no estás seguro de cómo hacerlo, empieza por examinar unas pocas de las creencias que tienes con respecto a quién eres y lo que mereces. ¿Sientes que dichas creencias están impulsadas por una energía externa, dominada por el ego, como en el caso de: "Yo merezco ser rico y famoso"? Escribe sobre ello a continuación.

Enfocarse en el Espíritu puede ayudar en el proceso de domesticar al ego. Por ejemplo, procura repetir esta afirmación: *Mi vida es más grande que yo.* Anótala y sitúala estratégicamente donde puedas verla regularmente, como en tu casa, en el coche o en tu puesto de trabajo. Recuerda que el "yo" es tu identificación con el ego. Tu vida es Espíritu fluyendo a través de ti sin obstáculos del ego —esto es lo que viniste a hacer aquí— y es infinita. El "yo" que te identifica es un fragmento efímero.

Anota qué sientes cuando sintonizas con el Espíritu y desconectas del ego situado más abajo.

# SIEMPRE TIENES EL PODER DE PONERTE EN ARMONÍA CON QUIEN ERES REALMENTE: ENERGÍA DIVINA EN UNA FORMA FÍSICA.

El Espíritu es un mecanismo creador, dador, abundante, amoroso, dichoso, libre de juicio, en el que todas las cosas son posibles, e invisible. Siempre está dando, siempre sirviendo, siempre abasteciendo de manera inagotable. Tu trabajo es alinearte con esta frecuencia, al tiempo que desactivas las viejas frecuencias de pensamiento dominadas por el ego. Quedarse atascado en la carencia, en la preocupación constante, en las oportunidades perdidas, en la mala suerte, y así sucesivamente, es permanecer desalineado con las frecuencias de tu naturaleza original.

Practica pillarte a ti mismo cuando te enganchas en el hábito de pensar negativamente. Escribe sobre lo que te ocurre a medida que aprendes a monitorizar cualquier pensamiento que exprese: *no es posible, no va a ocurrir, o no tengo suerte,* y cámbialo por un pensamiento alineado como: *pasará, ocurrirá, o ya está aquí y yo sé que llegará puntualmente según el programa Divino.* ¿Descubres que esto se vuelve más fácil cuanto más lo intentas?

# HAY UNA FAMOSA CITA DE UN ESCRITOR Y POETA CHECO, FRANZ KAFKA, QUE ES UNA DE MIS FAVORITAS: "NO TIENES QUE HACER NADA. QUÉDATE SENTADO EN LA MESA Y ESCUCHA. NI SIQUIERA TIENES QUE ESCUCHAR, SIMPLEMENTE ESPERA. NI SIQUIERA TIENES QUE ESPERAR, SIMPLEMENTE APRENDE A QUEDARTE CALLADO, AQUIETADO, Y EN SOLEDAD. Y EL MUNDO SE OFRECERÁ LIBREMENTE A TI, SIN MÁSCARAS. NO TIENE ELECCIÓN, RODARÁ EXTASIADO A TUS PIES".

No solo me inspiró a escribir sobre la meditación y a explorarla, también provocó que mi esposa y yo criáramos a nuestros hijos en una atmósfera donde se hacía énfasis en el silencio y la escucha, más que en el clamor y el caos.

Probablemente ha habido momentos en tu vida en los que necesitabas tomar una decisión y no sabías qué hacer. Es posible que hayas tenido miedo de hacer algo equivocado o de decepcionar a otras personas. Entiende que cada pensamiento que tengas en un estado de miedo, te mantiene alejado de tu propósito y al mismo tiempo te debilita. Tus pensamientos temerosos te están invitando a permanecer inmovilizado.

A partir de este punto, cuando tengas miedo de tomar una decisión, detente ahí mismo e invita a Dios a entrar en escena. Entrega el miedo a tu Compañero Más Experimentado con estas palabras: "No sé cómo lidiar con esto, pero sé que estoy conectado Contigo, la fuerza creativa milagrosa en este universo. Voy a apartar a mi ego de en medio y dejaré esta cuestión en tus manos". Y a continuación, haz lo que has dicho: hazte a un lado y deja que llegue la respuesta. Te sorprenderá lo rápido que la energía superior del amor anulará y disolverá tus pensamientos temerosos y al mismo tiempo te empoderará.

"Nunca tengas miedo de sentarte
un rato y pensar".

— LORRAINE HANSBERRY

# EN UN UNIVERSO QUE ES UN SISTEMA INTELIGENTE, CON UNA FUERZA CREATIVA DIVINA APOYÁNDOLO, SIMPLEMENTE NO PUEDE HABER ACCIDENTES.

Por duro que sea reconocerlo, has tenido que pasar por lo que sea que hayas pasado a fin de llegar adonde estás hoy, y la prueba es que has llegado. Muy probablemente, cada avance espiritual que logres en tu vida vendrá precedido por algún tipo de caída o aparente desastre. Estos tiempos oscuros, accidentes, episodios duros, periodos de empobrecimiento, enfermedades, abusos y sueños rotos estaban, todo ellos, en orden. Ocurrieron, de modo que puedes asumir que *tuvieron* que ocurrir, y no puedes hacer que no hayan ocurrido.

Abraza los tiempos duros de tu historia personal desde esta perspectiva, con la ayuda de un terapeuta o amigo si la necesitas. Entiéndelos, acéptalos y hónralos. Teniendo conciencia de que hay algún tipo de significado asociado a todo lo que llega a tu vida, puedes empezar a ver todos estos sucesos —en particular los que dan como resultado cambios dramáticos— como una guía de esta inteligencia organizadora Divina que no permite que ocurran "accidentes". Esto rompe el agarre que estos recuerdos tienen sobre ti.

Crea una ceremonia para transformar, a tu manera, la energía del pasado. Por ejemplo, podrías escribir una carta al incidente, describiendo todo lo que te ocurrió debido a él, y después quémala —de manera segura, por supuesto—. Esto servirá para liberar tu apego a él, dejando sitio para que sigas adelante en libertad.

Escribe sobre la ceremonia que se te ocurrió, y qué pasó después de hacerla. ¿Cómo te sientes ahora?

Abraza todo
lo que te ha
ocurrido, y
sigue adelante
al acto
siguiente.

# ¡TU PASADO HA ACABADO!

Siéntete libre de sumergirte en este momento, el ahora que es el presente. Se le llama así —presente = regalo— porque es, de hecho, un presente para abrirlo, deleitarse en él, nutrirlo, jugar con él, disfrutarlo y explorarlo.

Es dudoso que otras criaturas en la tierra desperdicien el presente con pensamientos sobre el pasado y el futuro. Un castor lo único que hace es ser castor, y lo hace justo en el momento. No se pasa el día deseando volver a ser joven, o rumiando el hecho de que sus hermanos castores hayan recibido más atención, o que su padre castor huyó con una castora más joven cuando era niño. El castor siempre está en el ahora. Podemos aprender mucho de estas criaturas sobre el disfrute del momento presente, en lugar de usarlo para dejarnos consumir por la culpa por el pasado o la preocupación por el futuro. Practica vivir en el momento, y niégate a permitir que cualquier pensamiento basado en el pasado te defina.

Si tuvieras que describir tu presente, ¿dirías que es un regalo? ¿Por qué o por qué no? ¿Qué significaría para ti soltar el pasado?

## AL LIBERAR EL PASADO, TAMBIÉN DEBES HACER UN ESFUERZO PARTICULAR POR RETIRAR TODAS LAS ETIQUETAS QUE TE HAS PUESTO A TI MISMO.

Tú no eres un americano, un italiano, o un africano, por ejemplo. Eres miembro de una raza, la raza humana. Tú no eres tu sexo o tu género, tu trabajo ni tu partido político. Tú eres uno con la verdadera Unidad.

Las etiquetas sirven para negarte. Establecen las cosas de tal manera que tú, en último término, debes estar a la altura de la etiqueta en lugar de ser la energía Divina ilimitada que es tu verdadera esencia. Transcenderlas, particularmente las que te han sido impuestas por otros en el pasado, te abre a la oportunidad de elevarte en el ahora de la manera que desees. Puedes ser todas las cosas en cualquier momento presente de tu vida.

Dedica unos pocos minutos a anotar todas las etiquetas que te han puesto.

AHORA REEMPLAZA ESAS ETIQUETAS POR EL
CONOCIMIENTO DE QUE TÚ NO ERES LO QUE HAS
HECHO, LO QUE HAS SIDO, CÓMO OTROS TE HAN
ENSEÑADO, O LO QUE TE HAN HECHO. TÚ ERES PARTE
DEL AMADO, SIEMPRE ESTÁS CONECTADO CON EL
ESPÍRITU Y, POR LO TANTO, CONECTADO CON EL PODER
ILIMITADO DEL AMADO.

## A MEDIDA QUE APRENDAS A SOLTAR LAS ETIQUETAS, HAY UNA EN PARTICULAR A LA QUE QUIERO QUE PRESTES ATENCIÓN AHORA: FRACASO.

Tal vez, cuando piensas en el pasado, sientes que has fracasado en algún sentido. Bien, el fracaso no existe, solo la retroalimentación: todo lo que haces produce un resultado. Como a menudo digo a mis hijos: "La verdadera nobleza no consiste en ser mejor que otro, sino en ser mejor de lo que eras antes". En otras palabras, en lugar de etiquetarte como un fracaso y después tener que vivir con esa etiqueta, contémplate a ti mismo como alguien que aprende de sus experiencias para que los resultados sean mucho mejores la próxima vez.

Asimismo, recuerda que el fracaso es un juicio. Solo es una opinión. Es otra etiqueta procedente de tus miedos, que pueden ser eliminados por el amor. Ámate a ti mismo. Ámate por lo que haces. Ámate por los demás. Ámate por el planeta. Cuando tienes amor dentro de ti, el miedo no puede sobrevivir. Hay mucha sabiduría en el antiguo dicho: "El miedo llamó a la puerta. El amor respondió y allí no había nadie".

Piensa en una situación que hayas etiquetado como un "fracaso". ¿Cómo puedes volver a contarte la historia desde la perspectiva del amor?

"Realmente pienso que un campeón no se define por sus triunfos, sino por cómo se recupera cuando cae".

— SERENA WILLIAMS

# MUCHAS PERSONAS SE SIENTEN MEJOR CONSIGO MISMAS SI TIENEN MÁS QUE OTRAS. TENER MÁS DINERO LES HACE SENTIRSE MEJOR. ACUMULAR MÁS PREMIOS Y PRESTIGIO, Y LLEGAR MÁS ALTO EN LA ESCALA SOCIAL LES ANIMA A SENTIRSE BIEN CONSIGO MISMAS.

La conciencia del ego te impulsa a competir, comparar y concluir que tú eres el mejor, de modo que te concentras en correr más rápido y tener mejor aspecto que otros. En este nivel de conciencia del ego es donde existen los problemas. Aquí es donde la paz interna es prácticamente imposible y el éxito te elude, porque siempre tienes que estar esforzándote por estar en alguna otra parte.

A fin de vivir tu propósito, debes domesticar este ego siempre exigente e imposible de satisfacer. Los sentimientos de desesperación, enfado, odio, amargura, estrés y depresión surgen de la ansiedad del ego y de la insistencia en vivir según una norma externa. El resultado es la angustia de no estar a la altura o de no encajar adecuadamente. El ego raras veces te permitirá descansar, y te exige más y más porque le aterroriza lo que denominas un fracaso. Cuando vayas más allá del ego y hagas de tu yo superior la fuerza dominante en tu vida, empezarás a sentir ese satisfacción y el brillo interno de vivir tu propósito.

¿Han sido las llamadas del alma interrumpidas alguna vez por tu ego? ¿Cómo sentiste eso en el momento, y qué piensas de ello ahora? ¿Qué podría ocurrir si lo ignoraras y, en cambio, escucharas a tu yo superior?

# OYES A LA GENTE DECIR ESTO TODO EL TIEMPO: "TENGO DERECHO A ESTAR DISGUSTADO POR CÓMO ME HAN TRATADO. TENGO DERECHO A ESTAR ENFADADO, HERIDO, DEPRIMIDO, TRISTE Y RESENTIDO".

Aprender a evitar este tipo de pensamientos es uno de mis principales secretos para vivir una vida de propósito y felicidad. En cualquier momento en que estés lleno de resentimientos, estás dejando el control de tu vida emocional en manos de otros para que puedan manipularte.

Hace muchos años encontré esta cita, que realmente resonó conmigo: "El resentimiento es dejar que alguien a quien desprecias viva en tu cabeza sin pagar alquiler". Este es el problema de justificar cualquier resentimiento. Se llevan tu paz y dejan los controles de tu mundo interno en manos de otros, y a menudo esos otros son personas que no te gustan, y quieres estar tan lejos de ellas como puedas.

¿Puedes pensar en algún momento de tu vida en el que el resentimiento te alejó de tu propósito? ¿Qué sientes ahora al respecto? ¿Fue ese un buen uso de tu tiempo y de tu energía?

"Es posible que no controles todos los sucesos que te ocurren, pero puedes decidir no dejarte reducir por ellos".

— MAYA ANGELOU

# LA PRÁCTICA REGULAR DE LA MEDITACIÓN PUEDE AYUDARTE A EVITAR ENERGÍAS TALES COMO EL RESENTIMIENTO.

Personalmente, después de una sesión, me resulta casi imposible estar enojado o impactado negativamente por nada. La meditación parece ponerme en contacto con una fuente de energía aliviadora que me hace sentir profundamente conectado con Dios.

Cuando meditas, irradias una energía diferente, y eso hace que te resulte más fácil desviar las energías negativas de aquellos con los que te encuentras. Es como tener un escudo invisible que nada puede penetrar. Una corriente hostil es recibida con una sonrisa y el conocimiento interno de que esa energía no es "tuya". Una persona que intente llevarte a su estado de desdicha no puede conseguirlo sin que tú estés de acuerdo.

Tu práctica no solo te mantiene inmune a todo eso, también ayuda a otros a estar en armonía contigo. Los estudios confirman que la meditación incrementa los niveles de serotonina —un neurotransmisor cerebral que indica lo armonioso y pacífico que te sientes— en quienes la practican. Asombrosamente, los estudios también han descubierto que el simple hecho de estar cerca de un grupo grande de meditadores eleva los niveles de serotonina de los *observadores*. En otras palabras, cuanta más paz alcanzas a través de la meditación, tanto más impacta tu estado de paz a los que te rodean.

Reflexiona sobre las situaciones descritas en el ejercicio anterior, cuando el resentimiento te impedía alcanzar tu propósito. Si te encontraras en situaciones similares en el futuro, ¿cómo podrías actuar de otra manera, con una mayor sensación de paz interna y un "escudo" contra la energía negativa?

# TAL COMO NADIE PUEDE DEFINIRTE CON SUS JUICIOS, TÚ TAMPOCO TIENES EL PRIVILEGIO DE JUZGAR A OTROS.

Deja de esperar que los que son diferentes sean lo que tú pienses que deberían ser. Nunca va a ocurrir. Cuando sueltas tus expectativas y dejas de etiquetar a otros, y simplemente te conviertes en el observador, conoces la paz interna.

Es tu ego el que exige que el mundo y toda la gente que hay en él sea como tú crees que debería ser. Tu yo superior y sagrado se niega a ser otra cosa que pacífico, y ve el mundo tal como es, no como a tu ego le gustaría que fuera.

No puedes ponerte detrás de los globos oculares de otra persona, de modo que no tienes ni idea de lo que está ocurriendo en su vida. ¿Puedes pensar en una ocasión en la que hiciste alguna suposición sobre alguien que acabó estando equivocada? ¿Cómo te sentiste al descubrir la verdad?

"La esencia de la grandeza es la capacidad de elegir la realización personal en circunstancias en las que otros eligen la locura".

— VIKTOR FRANKL

No puede
haber bandos
en un planeta
redondo.

**QUIERO DECIRTE QUE ANTE CUALQUIER COSA QUE TE ESTÉ PASANDO Y QUE TENGA UN TONO DE ANIMOSIDAD, AMARGURA, ANGUSTIA O DOLOR HACIA CUALQUIER OTRO SER HUMANO EN NUESTRO PLANETA, SEA QUIEN SEA Y CON INDEPENDENCIA DE LO QUE HAYA HECHO... SI ESTÁS TENIENDO UNA REACCIÓN DE AMARGURA TÓXICA, NUNCA TE SOLTARÁ.**

El perdón es el mayor motivador del mundo. Si te estás aferrando a cualquier cosa dolorosa o dañina hacia cualquier persona o cosa, tienes que soltarla completamente.

Las barreras entre ti y las demás personas empiezan a derrumbarse cuando te das cuenta de que todos somos uno, y de que todos vivimos en este planeta. Pero tienes que tomar la suficiente distancia para ver la unidad de la que todos venimos, la unidad que somos, la unidad que es toda la humanidad: que somos como una célula en la totalidad de todo este cuerpo llamado humanidad.

¿Puedes hacer esto? ¿Puedes dejar de notar las cosas que supuestamente te separan de otras personas? ¿Y si las barreras se vuelven difusas, y ves a cada ser humano con el que te encuentras no en términos de lo que te separa de él, sino de lo que te conecta con él? En lugar de aferrarte a la separación, procura conectar con los demás. Observa que todos los que están ahí fuera de algún modo están conectados contigo, lo que te da la libertad para construir puentes en lugar de muros.

Tómate algún tiempo para pensar en todo esto y, a continuación, expresa tus sentimientos en el espacio siguiente.

"Todos estamos bajo el mismo cielo y caminamos sobre la misma tierra; estamos vivos juntos durante el mismo momento".

— MAXINE HONG KINGSTON

# APRENDE A SER MUY BUENO EN LA PRÁCTICA DEL PERDÓN, PUES ES UNA DE LAS COSAS MÁS CURATIVAS QUE PUEDES HACER PARA RETIRAR LAS ENERGÍAS NEGATIVAS DE TU VIDA.

Practica el perdón por dos razones. Una es para informar a los demás de que ya no deseas estar en un estado de hostilidad con ellos; y dos, para liberarte de la energía autoderrotista del resentimiento. El resentimiento es como veneno que continúa circulando por tu sistema, haciéndote daño mucho después de haber sido mordido por la serpiente. No es la mordedura lo que te mata; es el veneno. Puedes retirar el veneno tomando la decisión de soltar los resentimientos. Envía alguna forma de amor a aquellos que sientas que han sido mal tratados por ti y nota que te sientes mucho mejor, que tienes mucha más paz.

Lo mismo es aplicable a ti mismo: de hecho, no es posible insistir con la suficiente fuerza en la importancia de perdonarte a ti mismo. Si llevas contigo pensamientos de vergüenza por lo que hiciste en el pasado, estás debilitando tu cuerpo tanto física como emocionalmente. Asimismo, si usas una técnica de vergüenza y humillación con alguien para conseguir que se reforme, vas a crear una persona debilitada que nunca se sentirá empoderada hasta que esos pensamientos vergonzantes y humillantes sean retirados. Retirar tus propios pensamientos de vergüenza requiere estar dispuesto a soltar, ver tus compartimientos pasados como lecciones que tuviste que aprender, y reconectar con tu fuente a través de la oración y la meditación.

Trae a tu mente una situación particular en la que todavía tengas algún juicio contra otra persona o contra ti mismo. ¿Qué haría falta para que perdones a otros y, lo que es más importante, a ti mismo? Anota tus pensamientos aquí.

# ¿CÓMO QUIERES SER PERCIBIDO EN ESTE MUNDO?

Cualquiera que responda que no le importa en absoluto, o bien no está diciendo la verdad o está tratando de ponerse anteojeras. ¡Por supuesto que te importa! En algunos casos tu manera misma de ganarte la vida depende de tu respuesta a esta pregunta. Quieres disfrutar relacionándote con los demás de manera alegre, juguetona, íntima, servicial, atenta y consciente. La naturaleza de todas las relaciones humanas es querer dar y recibir esas emociones, y sentirse conectado con los demás.

La respuesta a cómo quieres ser percibido en el mundo es, en su vertiente más simple: *Quiero ser visto como una persona veraz.* Quieres que la verdad de quien crees ser vaya acorde con lo que proyectas hacia fuera. Para hacer esto, tienes que tomar la decisión de realinearte sobre una base energética para que los platillos se equilibren entre tu yo idealizado y tu yo realizado, tal como es percibido por la mayoría de las personas de tu vida.

¿Sientes que tus palabras y acciones concuerdan con la verdad de tus pensamientos internos? Si están alineadas, ¡eso es genial! Ahora bien, si existe una desconexión, ¿cómo podrías poner en armonía todo esto?

"La manera de enderezar los entuertos es dirigir la luz de la verdad hacia ellos".

— IDA B. WELLS

# EL UNIVERSO ES UN GRAN ESPEJO QUE REFLECTA DE VUELTA EXACTAMENTE LO QUE ERES.

¿Estás proyectando una energía feliz o se te dice regularmente que te "aligeres", o que te "tranquilices" y "dejes de estar tan tenso"? Si dedicas una gran cantidad de tiempo y energía a encontrar oportunidades de sentirte molesto, las encontrarás, tanto si se trata de un extraño que te trata con rudeza, como de una metedura de pata en tus modales, de alguien maldiciendo, de un estornudo, como de una nube negra, de cualquier nube, o de la ausencia de nubes... cualquier cosa vale.

Deja que la alegría sea tu manera habitual de responder al mundo en lugar de la indignación. Aquí hay algunas sugerencias para adoptar esta perspectiva:

- Comprométete a buscar la alegría en todas partes.
- Ofrece comentarios alegres cuando sea posible.
- Conecta con los demás con alegría.
- Diviértete apreciando las cosas, en lugar de comentar siempre los males del mundo.
- Usa todas las oportunidades para vivir la alegría, extender la alegría, irradiar alegría.

Anota aquí tus propias ideas. ¿Cómo puedes irradiar alegría esta semana? ¿Hoy? ¿Ahora mismo?

¿Prefieres tener
razón o ser
bondadoso?

# LA MAYORÍA DE LAS PERSONAS OPERAN DESDE EL EGO Y REALMENTE NECESITAN TENER RAZÓN.

Por tanto, cuando te encuentres con alguien que diga cosas que te parezcan inapropiadas, procura despersonalizar lo que acabas de oír y responde con bondad.

O cuando sepas que alguien está muy, pero que muy equivocado, olvida tu necesidad de tener razón y di: "¡Tienes razón con respecto a eso!" Esas palabras acabarán con el conflicto potencial y te liberarán de sentirte ofendido. Recuerda, tu deseo es estar en paz, no tener razón, ni estar herido, enfadado o resentido. Si tienes suficiente fe en tus propias creencias, descubrirás que es imposible sentirse ofendido por las creencias y conductas de otros.

Haz este experimento y escribe sobre sus resultados en estas páginas.

# ME GUSTARÍA VOLVER A LA IMPORTANCIA DE PERMANECER EN EL PRESENTE. O, EN LAS FAMOSAS PALABRAS DE MI QUERIDO AMIGO RAM DASS, *ESTATE AQUÍ AHORA.*

La disposición y la capacidad de vivir plenamente en el ahora elude a mucha gente. Procura cambiar de comportamiento de modo que, mientras estés comiendo el aperitivo, no te preocupes por el postre. Mientras leas un libro, nota dónde están tus pensamientos. Si estás de vacaciones, estate allí, en lugar de pensar en lo que se debería haber hecho y lo que hay que hacer cuando vuelvas a casa. No dejes que el elusivo momento presente sea empleado por pensamientos que no estén en el aquí y ahora.

Hay una paradoja en este hábito de dejar que tu mente deambule por otros momentos y lugares. Solo puede deambular en el ahora, porque el ahora es todo lo que puedes llegar a tener. De modo que deambular es un modo de usar tus momentos presentes. Ciertamente tienes un pasado, ¡pero no es ahora! Y sí, tienes un futuro, ¡pero no ahora! Y puedes consumir tu ahora con pensamientos de "entonces" y de "tal vez", pero eso te impedirá experimentar la paz interna y el éxito que podrías tener.

¿Te suena que todo esto es verdad? ¿Tiendes a sentirte tan consumido por el pasado o tan preocupado por el futuro que no puedes estar plenamente en el ahora? Si es así, ¿cómo podrías cambiar de conducta y avanzar?

"Recuerda entonces: solo hay un tiempo que sea importante, ¡el Ahora! Es el tiempo más importante porque es el único tiempo sobre el que tenemos cierto poder".

— LEO TOLSTOY

# NUESTRA RELACIÓN CON EL MOMENTO PRESENTE DEFINE NUESTRA RELACIÓN CON LA VIDA MISMA.

Considera estas sugerencias para implementar la conciencia del momento presente:

- Practica el tomar conciencia de tus reacciones cuando alguien introduce algún tipo de alteración mental en tu vida. ¿Adónde te llevan tus pensamientos? ¿En qué piensas en ese momento? Probablemente descubrirás que tus pensamientos son proyecciones hacia el pasado o el futuro, de modo que tráete de vuelta al ahora. Mientras recibes la información que te altera, pregúntate: "¿Cómo me estoy sintiendo ahora mismo?", en lugar de "¿cómo me voy a sentir después?", o "¿cómo me sentí entonces?" Al darte un suave recordatorio de tu incomodidad en el momento, te devolverás a lo que estás experimentando ahora. Observa cómo se disuelve tu incomodidad cuando retornas al presente. Sigue practicando el traerte de vuelta al aquí-y-ahora, y recuerda al hacerlo que esta es tu relación con la vida. Acepta el momento presente y encuentra la perfección que permanece intocada por el tiempo mismo.

- Haz de la meditación y del yoga parte de tu vida. Comienza practicando hoy cualquier forma de estas disciplinas que te resulte atractiva. Descubrirás que te haces más diestro a la hora de permitir que tus pensamientos fluyan en el ahora. Esto te ayudará a estar presente y a experimentar la unidad de todas las cosas.

- Repite esta afirmación: "Elijo estar presente en el ahora". Al repetirte esto en silencio durante cinco minutos, refuerzas la importancia de ser una persona del momento presente. ¡La repetición es crucial! Haz que esta sea una práctica regular y acabará siendo tu manera de ser.

Mantente presente: cada segundo, cada minuto, y cada hora. Cada día de tu vida está lleno de momentos presentes de infinito valor. Así es como te mantendrás sintonizado con tu propósito, y con tu Fuente.

# CUANDO TE SIENTAS DESANIMADO, PREGÚNTATE: *¿DESEO USAR EL MOMENTO PRESENTE —EL PRECIOSO FLUJO DE MI VIDA— DE ESTA MANERA?*

Esto te ayudará a tomar conciencia de la importancia de estar aquí ahora: no solo en tu cuerpo, sino también en tu pensamiento. Te animo a pensar en el presente simplemente como eso: un regalo asombroso procedente de tu Fuente. En cuanto llenas el ahora de pensamientos sobre cómo solías ser, de preocupaciones por lo que alguien ha hecho para hacerte daño, de o preocupaciones de futuro, estás diciendo: "No, gracias" a tu Fuente por este precioso regalo.

Toma conciencia de lo valioso que es el presente. "Este es el único momento que tienes", es una frase que suelo decirme para permanecer en términos amistosos con el ahora. Reflexiona sobre esto: es el único momento que tienes. Cuando te des cuenta de lo que esto significa, querrás cambiar inmediatamente a un estado de asombro y gratitud por él, independientemente de lo que esté ocurriendo.

Hago esto con frecuencia en mi práctica de yoga, particularmente cuando estoy ante el desafío de una postura difícil. Equilibrarse sobre una pierna y mantener la otra estirada, con las manos entrelazadas sobre el pie, es un reto que me hace murmurar: "Estate aquí ahora, Wayne. Simplemente estate en el momento presente".

Afirma: *Me niego a usar mis preciosos momentos de un modo cualquiera que me aleje del amor Divino donde tuve mi origen.*

"Todo lo que necesitas está dentro de ti, esperando desplegarse y revelarse. Todo lo que tienes que hacer es estar quieto y darte tiempo para buscar lo que está dentro, y seguramente lo hallarás."

— EILEEN CADDY

# MUCHAS MAÑANAS ENTRABA EN LAS HABITACIONES DE MIS HIJOS Y LES DABA UN MENSAJE PARA DESPERTAR, CANTANDO CON VOZ ESTRUENDOSA: "OH, ¡QUÉ BELLA MAÑANA! ¡VAYA! ¡QUÉ DÍA TAN HERMOSO!"

A continuación, les decía: "Este es el único día de vuestra vida. No hay pasado, no hay futuro, solo el ahora; de modo que salid ahí y disfrutad plenamente de este día".

Los niños se quejaban del loco de su padre, pero yo quería que supieran y entendieran realmente el mensaje que Emily Dickinson ofreció con estas cinco palabras muy bien consideradas: "La eternidad está compuesta de ahoras". Esta es una idea muy simple pero muy profunda, que yo quería que mis niños entendieran y vivieran plenamente.

"No puedes salir del ahora", les recordaba regularmente. "Disfruta de este día, de este momento. No emplees frases como: 'No soy bueno en matemáticas' o 'Soy torpe', o 'No soy popular' —todas ellas basadas en lo que ocurrió en el pasado— como razón para no sobresalir hoy en matemáticas, o no participar en eventos deportivos, o continuar etiquetándote como tímido o temeroso. Más bien, borra esa historia personal y siente tu vida a día de hoy como si fuera una pizarra en blanco que puedes llenar de la manera que elijas".

Me encanta este proverbio, que resume de forma muy hermosa la esencia del tema: "El mejor momento para plantar un árbol fue hace veinte años. El segundo mejor momento es ahora". Esto indica que es posible que sientas que perdiste una oportunidad, pero siempre tienes la opción de empezar. ¡El tiempo es ahora! Por tanto, ¿qué has venido postergando? ¿Qué es lo que sabes, en lo profundo de tu corazón, que ahora es hora de hacer?

**PARA VIVIR TU PROPÓSITO, VAS A TENER QUE ASUMIR RIESGOS. ES POSIBLE QUE LAS PERSONAS DE TU VIDA NO ENTIENDAN LO QUE ESTÁS HACIENDO, PERO SI CREES EN TI MISMO, ESTA TIENE QUE SER TU PRIORIDAD. SÍ, OTROS TIENEN BUENAS INTENCIONES, PERO ES IMPOSIBLE QUE SEPAN QUÉ ES LO CORRECTO PARA TI PUESTO QUE NO PUEDEN OÍR LA LLAMADA A TU ALMA.**

Yo he asumido una serie de riesgos a lo largo de los años, especialmente en cuanto a mi carrera profesional. Me gustaría tomar un momento aquí para contaros lo que me ocurrió justo después de escribir *Tus zonas erróneas,* en 1976. El libro todavía no era el éxito de ventas en el que se convertiría, y yo seguía siendo profesor en la Universidad Saint John's. Iba conduciendo por la autopista de Long Island cuando, sin previo aviso, una claridad me sobrevino de repente. Me paré en el arcén, y las lágrimas corrieron por mis mejillas, pues me sentía claramente envuelto por un amoroso espíritu guía. Supe *perfectamente lo que debía hacer.*

Di la vuelta en la autopista, me dirigí a la universidad y, muy animado, le dije al decano que quería dejar el trabajo. Me dijeron que ese era un movimiento arriesgado en unos tiempos muy inciertos y que perdería los beneficios que se derivan de ser profesor universitario: seguro médico para la jubilación, contribuciones a la agencia tributaria, y seguridad laboral. Pero yo había vislumbrado mi futuro y lo había visto como si ya fuera un hecho presente.

Avivado por la emoción, despejé mi escritorio, envié las notas finales para mis alumnos y me dirigí a mi lugar de serenidad, a unas manzanas de distancia. Pasé los últimos treinta minutos de mi carrera como profesor de la Universidad Saint John's sentado encima de una roca, escuchando los pájaros y el viento que hacía crujir las ramas. Estaba en un estado de asombro y maravillamiento. Di gracias por lo que fuera que me había sobrevenido y me había otorgado una gracia y claridad tan luminosas. Era la primera vez en mi vida, a la edad de 36 años, que me hacía autónomo; y estaba siguiendo mi propia corazonada, asombrado ante las posibilidades.

En aquel tiempo no sabía que *Tus zonas erróneas* sería el primero de una serie de docenas de libros que iba a escribir a lo largo de las siguientes décadas, o que estaba destinado a impactar en las vidas de millones de personas de todo el planeta. Estoy seguro de que la mente Divina una, el gran Tao, Dios —o como quieras llamarlo— era plenamente consciente de mi propósito, y debía saber que no podía completarlo desde la comodidad y la seguridad del puesto de profesor en una universidad importante.

Algo indefinible se presentó ante mí ese día de junio de 1976 y me ayudó a realizar un cambio incómodo en mi vida. Desde entonces, me han ocurrido episodios parecidos en varias ocasiones, especialmente cuando me encontraba en el filo de decidir qué dirección tomar. Confío en esas experiencias cumbre, y no solo confío en ellas, sino que las invito a mi vida. Cuanta más confianza he depositado en el contenido de mi propósito de vida, más he sido capaz de acceder a este tipo de energía vívida y cargada de emoción.

Incluyo esta historia aquí porque mucha gente piensa que yo me convertí en un autor de éxitos de ventas de manera instantánea, cuando en realidad me tomó mucho tiempo y trabajo. Sobre todo, me exigió que escuchara las llamadas de mi alma y que tocara la música que estaba destinado a tocar, independientemente de lo que otras personas pensaran o dijeran.

## LO MISMO ES CIERTO PARA TI: TU YO SUPERIOR ESTÁ GUIÁNDOTE A VIVIR TU PROPÓSITO, Y TIENES EL PODER DE ASUMIR LOS RIESGOS QUE SEAN NECESARIOS. ¡PUEDES HACERLO!

## EXAMINEMOS ALGUNAS DE LAS EXCUSAS QUE PODRÍAN ESTAR RETENIÉNDOTE E IMPIDIÉNDOTE VIVIR TU PROPÓSITO.

Si eres padre o madre, puede haber una parte de ti que se resista a ponerte a ti mismo en primer lugar. Bien, hay un axioma fundamental que mi esposa y yo practicamos al criar a nuestros hijos, y es este: *Los padres no son para apoyarse sobre ellos, sino que más bien existen para hacer que apoyarse sea innecesario.* Queríamos criar niños que confiaran en sí mismos para que se convirtieran en adultos exitosos y pacíficos, y eso es exactamente lo que ocurrió.

Los niños responden positivamente cuando ven que sus padres son felices y están involucrados en la vida. De hecho, cualquiera que te ame auténticamente querrá lo mejor para ti. Preocuparse por lo que alguna otra persona pueda pensar o decir no es más que otra barrera para alcanzar el éxito y la paz interna.

¿Te sientes inspirado cuando ves a otros vivir su verdad? ¿Cómo puedes vivir tu vida siendo una inspiración para que otros —niños, seres queridos, vecinos, mentorados, conocidos, etcétera— vivan sus propios sueños?

"La lucha siempre ha sido interna, y se despliega en terrenos externos. La conciencia de nuestra situación debe venir antes que los cambios internos, que a su vez vienen antes que los cambios en la sociedad. No ocurrirá nada en el mundo 'real' a menos que antes ocurra en las imágenes que tenemos en la cabeza".

— GLORIA ANZALDÚA

## LA EXCUSA DE QUE "ES DEMASIADO GRANDE" PARECE PRECIPITARSE SOBRE LAS PERSONAS, Y LAS INMOVILIZA TOTALMENTE EN EL CAMINO HACIA VIVIR SU PROPÓSITO.

Tal vez te sorprenda que esta creencia solo tiene que invertirse. Por ejemplo, si crees que las personas tienen éxito porque piensan a lo grande, ¡yo estoy aquí para decirte que el éxito exige pensar en pequeño! Lleva esta comprensión a tu conciencia y habrás accedido a la capacidad de pensar en pequeño y de empezar a afrontar el gran asunto de cumplir tu propósito.

Si bien a día de hoy no puedes realizar cosas enormes, sí que puedes dar ese primer paso. Si bien no puedes recibir tu título de doctor hoy mismo, puedes apuntarte a un curso que comienza la semana que viene, y eso es todo lo que puedes hacer con relación a ese elevado propósito por ahora. Piensa en pequeño y haz lo que puedas en el aquí-y-ahora.

Esta perspectiva puede aplicarse a cualquier tarea grande. Si quieres dejar de beber alcohol o de fumar, no puedes hacer eso con una única acción para los próximos diez años. Pero puedes negarte a ceder ante tus adicciones hoy, o, haciéndolo aún más pequeño, en este momento. Esto sí lo puedes hacer. Y así es precisamente cómo se cambian todos los hábitos de pensamiento: pensando y actuando pequeño en el momento presente, y viviendo como todos vivimos realmente: un minuto, una hora, un día.

Selecciona ahora uno de tus objetivos. Puede ser uno que esté relacionado con tu propósito, pero si eso te parece demasiado "grande" ahora mismo, simplemente elige otro objetivo. Haz una tormenta de ideas para ver qué acciones puedes realizar dentro de un minuto, de una hora y de un día.

# ¿TIENES MIEDO DE QUE NADIE TE AYUDE A CUMPLIR TU PROPÓSITO Y DE NO PODER HACERLO SOLO?

El hecho es que el mundo está lleno de gente que estaría encantada de ayudarte con cualquier cosa que quieras crear. Pero si te aferras a la falsa idea de que no habrá nadie que quiera ayudarte, tus experiencias serán acordes con esta creencia. Una vez que esa creencia comience a cambiar, verás que llega la ayuda, pero el primer movimiento ocurre y se completa dentro de tus pensamientos. Comienza con esta nueva creencia: *Puedo conseguir ayuda.*

A menudo repito este pensamiento de *Un curso de milagros:* "Si supieras quién camina a tu lado en todo momento en este camino que has escogido, nunca podrías volver a experimentar miedo ni duda". Esto me ayuda a recordar mi propósito y que nunca estoy solo.

Yo afirmo que todo lo que se necesite o se requiera estará allí, y me animo conscientemente a mí mismo con esta certeza incuestionable. Y la ayuda parece llegar de todas las direcciones: el dinero que necesito aparece de algún modo, se presentan las personas adecuadas, y ocurren circunstancias inesperadas que resultan útiles: ies casi como si una fuerza sincrónica actuara y me sorprendiera con la belleza de todo el proceso! Me siento animado al comprobar que tengo el poder incuestionable de elevarme a mí mismo en cualquier situación.

Comienza animándote con afirmaciones que apoyen y eleven tus creencias. Estas creencias te ayudarán a alinearte con la fuente de energía que siempre está disponible para tu verdadera naturaleza Divina. Déjate inspirar por las siguientes afirmaciones y después crea algunas que sean tuyas.

*Tengo la capacidad de crear por mi cuenta si es necesario.*
*Sé que las personas adecuadas para ayudarme estarán aquí en el momento justo. El mundo está lleno de personas a las que les encantaría ayudarme.*

# ACEPTAR LA CREENCIA DE QUE "NO TIENES ENERGÍA" PARA HACER LO QUE TE DA FELICIDAD FORMA PARTE DE UNA RESPUESTA APRENDIDA.

La perspectiva de realizar cambios significativos en tu vida puede resultar intimidante, de modo que te aferras a las viejas y cómodas pautas de conducta usando la excusa del cansancio.

Tal vez te sientas orgulloso de haber descubierto tu propósito de vida: *¡Mi destino es ser un sanador!* Es posible que hayas encontrado el siguiente pequeño paso que tienes que dar: *¡En esta escuela puedo aprender las habilidades necesarias para desarrollar esa carrera profesional!* Pero después, cuando llega el momento de matricularte, siempre surge algo: *Ahora mismo están pasando demasiadas cosas en el trabajo, no tendré la energía para cuidar de los niños y asistir a clases por la noche* ...y un largo etcétera.

La falta de energía no es, en general, un problema de química corporal: es función de una larga historia de hábitos de pensamiento. Tienes el poder de emplear tus pensamientos para elevarte a ti mismo a nuevos niveles de éxito, felicidad y salud. Puedes aprender a practicar pensamientos más satisfactorios y vibrantes que incrementen tu entusiasmo, y que en último término produzcan un estilo de vida energético y lleno de propósito.

En mi propia vida he notado que cuanto más pronuncio las palabras *estoy cansado,* más agotada parece estar mi energía, incluso sin que haya razones físicas para ello. Una mañana, después de escuchar a un amigo decirme que estaba demasiado cansado para llevar a cabo un retiro de fin de semana que habíamos planeado, decidí acabar para siempre con esta excusa. Prometí nunca volver a decir a otros —ni a mí mismo— lo cansado que estoy, y empecé a imaginarme a mí mismo en posesión de una energía ilimitada. No cambié mi estilo de vida ni mis hábitos de sueño: lo único que hice fue imaginarme como una persona con mucha energía.

Fui capaz de cambiar mi manera de verme a mí mismo con relación a la fatiga y empecé a verme como una persona que nunca se cansa. Todo esto comenzó con un nuevo pensamiento, que inicialmente estaba en mi imaginación.

Niégate a estar al servicio de la actividad mental de baja energía. Ten la determinación de dirigir tus pensamientos no hacia lo que *no puedes hacer,* sino hacia lo que tienes *intención* de crear. Mantente en esta mentalidad y nunca querrás volver a usar la excusa de la falta de energía.

¿Puedes verte a ti mismo como una persona de alta energía? Escribe una historia, haz un dibujo, o deja que se te ocurran afirmaciones para apoyar esta nueva visión de ti mismo.

## CUANDO NOS PLANTEAMOS POR QUÉ LAS PERSONAS NO VIVEN A SUS NIVELES MÁS ELEVADOS, ES FÁCIL QUE LA EXCUSA "ESTOY DEMASIADO OCUPADO" SE SITÚE EN LO MÁS ALTO DE LA LISTA. APUESTO A QUE ESTO TE SUENA FAMILIAR TAMBIÉN A TI.

No obstante, una vez más, todo esto se reduce a una decisión: es decir, si estás demasiado ocupado, tú has decidido estar en esa posición. Todas las actividades de tu vida, incluyendo las que requieren gran cantidad de tiempo, son simplemente el resultado de decisiones que has tomado. Si tus responsabilidades familiares te resultan problemáticas, tú has optado por priorizar tu vida de esta manera. Si tienes el calendario a rebosar, tú has decidido vivir con un calendario tan lleno. Si hay muchísimos detalles que solo tú puedes gestionar, esto, una vez más, es una elección que tú has realizado.

Sin duda uno de los principales propósitos de la vida es ser feliz. Si estás usando la excusa de que estás demasiado ocupado para ser feliz, tú has hecho la elección de estar ocupado. Si has sustituido cumplir tu destino activamente y con alegría por estar ocupado, tienes que reexaminar tus prioridades.

Anota todas las tareas y los detalles que ocupan tu atención. ¿Qué áreas te toman más tiempo? ¿Sientes que estas mismas áreas son importantes para una vida vívida con propósito?

## AHORA, PONTE A TRABAJAR EN CAMBIAR ESTE PATRÓN Y NO DIGAS NUNCA NI INSINÚES QUE ESTÁS DEMASIADO OCUPADO. PRACTICA EL DELEGAR, HACER QUE OTROS TE AYUDEN, Y TOMARTE TIEMPO PARA TI.

Repite la afirmación siguiente: tengo la intención de tomarme tiempo para mí mismo a fin de vivir la vida que vine a vivir aquí, y hacerlo sin ignorar mis responsabilidades como padre, esposo o empleado.

¿Qué aspecto podría tener tu vida si hicieras este cambio? Puedes escribir una historia, hacer un dibujo o incluso crear un horario diario que refleje tu nueva vida.

"Cada momento es una oportunidad de organizarse, cada persona es un activista potencial, cada minuto, una oportunidad de cambiar el mundo".

— DOLORES HUERTA

Nos convertimos en aquello en lo que estamos pensando durante todo el día: este es uno de los grandes secretos de los que tantas personas son inconscientes mientras persiguen el propósito de su vida.

## ANTE CUALQUIER COSA QUE VISUALICES PARA TI MISMO —POR MÁS ELEVADA O IMPOSIBLE QUE PUEDA PARECERTE AHORA MISMO—, TE ANIMO A QUE EMPIECES A ACTUAR *COMO SI* AQUELLO EN LO QUE TE QUIERES CONVERTIR YA FUERA TU REALIDAD.

Esta es una manera maravillosa de poner en movimiento las fuerzas que colaborarán contigo para hacer realidad tus sueños. Y comprende esto sin lugar a dudas: sea lo que sea, puedes ganarte la vida con ello y al mismo tiempo proveer un servicio a los demás. Te lo garantizo.

Escribe tu visión para ti mismo aquí.

# EL USO DE LAS DOS PALABRAS MÁGICAS *YO SOY* ES UNA TÉCNICA MARAVILLOSA PARA ALINEARNOS CON LA FUENTE DE NUESTRO SER.

Estas son las palabras que se le dijeron a Moisés cuando preguntó cuál era el nombre del espíritu que le hablaba bajo la forma de una zarza que ardía sin consumirse.

Hay una razón por la que las afirmaciones siempre se expresan en presente, usando "Yo soy" en lugar de "yo quiero". Tu yo superior opera en este plano terrenal mediante el uso de estas dos palabras para declarar lo que te gustaría materializar, como *yo soy una persona sana* o *yo soy una relación Divina,* incluso si tus sentidos te dicen otra cosa.

Haz una lista de afirmaciones que sean aplicables al propósito que tienes aquí. En la página siguiente he incluido varias para empezar, pero te recomiendo encarecidamente que crees las tuyas. A continuación, elige unas pocas que te hablen de manera especial y ponlas cerca de o sobre tu panel de la visión para incrementar tu poder de manifestación.

*Estoy disfrutando de una carrera profesional exitosa.*
*Soy libre de ser yo mismo.*
*Soy un imán para la prosperidad.*
*Puedo lograr cualquier cosa que me proponga.*
*Soy una persona digna y valiosa.*
*Merezco lo mejor porque soy bueno.*
*Atraigo abundancia a todas las áreas de mi vida.*
*Merezco salud, felicidad y éxito.*
*Soy amado por otros, y me amo a mí mismo.*
*Me dejo guiar por mi deseo de servir a los demás más*
*que por seguir las reglas.*
*Soy único e independiente de las buenas opiniones de otros.*

# CUANDO TE VES A TI MISMO COMO AQUELLO QUE TE GUSTARÍA LLEGAR A SER, TE PONES A CARGO DE TU DESTINO.

Ahora mismo, ten el coraje de declarar que ya estás donde quieres estar. Al hacerlo, casi te forzarás a ti mismo a actuar de una manera nueva, interesante y espiritual. Por ejemplo, si estás viviendo una vida de escasez, y no están llegándote todas las cosas agradables que tiene mucha gente, tal vez sea el momento de cambiar tu manera de pensar y de actuar como si aquello de lo que disfrutas ya estuviera aquí.

Apliquemos este principio a un área de tu vocación. Dirige tus pensamientos hacia lo que te gustaría ser o hacia aquello en lo que te gustaría convertirte: artista, músico, programador de ordenadores, dentista, o cualquier otra cosa. En tus pensamientos, empieza a verte a ti mismo teniendo la capacidad de hacer estas cosas. No hay dudas. A continuación, empieza a actuar como si estas cosas ya fueran tu realidad. Como artista, tu visión te permite dibujar, visitar museos de arte, hablar con artistas famosos y sumergirte en el mundo del arte. En otras palabras, empieza a actuar como un artista en todos los aspectos de tu vida. De esta manera, te estás adelantando a ti mismo y estás encargándote de tu propio destino al tiempo que cultivas la inspiración.

Esta semana, empieza por hacer una cosa concreta que te ayude a actuar como si ciertamente estuvieras viviendo tu propósito. Anota los resultados aquí.

Si puedes
verlo,
puedes
serlo.

# ¿CUÁLES SON ALGUNAS DE LAS IMÁGENES QUE REPRESENTAN LA VIDA QUE QUIERES VIVIR?

Digamos que una de ellas es un coche nuevo: encuentra una fotografía que encaje con tu visión. A continuación, toma esa fotografía y pégala en la puerta de tu habitación, así como en el frigorífico. Y ya que estás en ello, pégala también en el salpicadero del coche que estás conduciendo ahora. Visita un concesionario, siéntate en "tu" coche, y nota el precioso aroma de un coche nuevo. Pasa la mano por los asientos y agarra el volante. Camina alrededor de tu coche, apreciando sus líneas. Llévalo a dar una vuelta y visualiza que tienes derecho a conducir este coche, que te sientes inspirado por su belleza, y que él va a encontrar la forma de entrar en tu vida. De algún modo, en algún sentido, este es tu coche.

Tal vez estés familiarizado con el concepto de hacer un "panel de la visión", pues es una herramienta muy popular —y poderosa— para manifestar. Tal como en el ejemplo anterior, encuentra imágenes que representen tu propósito, y pégalas sobre una parte del panel. Pon el panel en algún lugar prominente, donde puedas mirarlo varias veces al día, y contémplate en último término viviendo la vida de tus sueños. Alternativamente, dibuja o pega imágenes, palabras o citas a las páginas de este libro.

# MI VIDA DE PROPÓSITO

# MI VIDA DE PROPÓSITO

# A MEDIDA QUE PONGAS CADA VEZ MÁS ENERGÍA EN LO QUE TIENES INTENCIÓN DE MANIFESTAR, EMPEZARÁS A VER QUE ESAS INTENCIONES SE MATERIALIZAN.

Sin embargo, es mejor no comunicar tus comprensiones privadas a otras personas. Cuando lo haces, a menudo sentirás la necesidad de explicar y defender tus ideas. Una vez que el ego está presente, la manifestación se detiene.

Vuelve a la descripción de tu vida ideal que escribiste al comienzo del diario. Ahora empieza a actuar como si fueras rico, como si estuvieras seguro de ti mismo, como si fueras libre o cualquier otra cosa que desees, y fíjate en que tu vida comienza a parecerse a lo que has escrito.

"No puedes simplemente sentarte ahí y esperar que la gente te regale ese sueño dorado. Tienes que salir ahí fuera y hacer que te suceda".

— DIANA ROSS

# TRATA A TODOS AQUELLOS CON LOS QUE TE ENCUENTRES CON LA MISMA INTENCIÓN.

Celebra en los demás sus mejores cualidades. Trátalos a todos de esta manera, "como si", y te garantizo que responderán en concordancia con tus expectativas más elevadas. Todo depende de ti. Tanto si piensas que esto es posible como si crees que es imposible, en ambos casos tendrás razón. Y verás tus pensamientos rectos manifestándose dondequiera que vayas.

Cuando actúas hacia tus hijos, padres, hermanos e incluso parientes más lejanos como si la relación fuera genial y fuera a seguir así, y les señalas su grandeza en lugar de sus meteduras de pata, es su grandeza lo que verás. En la relación con la otra persona significativa para ti, asegúrate de aplicar este principio con tanta frecuencia como puedas. Si las cosas no van bien, pregúntate: "¿Estoy tratando esta relación tal como es, o como me gustaría que fuera?" Entonces, ¿cómo quieres que sea? ¿Pacífica? ¿Armoniosa? ¿Mutuamente satisfactoria? ¿Respetuosa? ¿Amorosa? Por supuesto que eso es lo que quieres. De modo que, antes del siguiente encuentro, contempla a esas personas de esta manera. Haz que tus expectativas se enfoquen en las cualidades de paz interna y éxito.

Te descubrirás señalando lo que más te gusta de esa persona en lugar de lo que está haciendo mal. También verás que la otra persona te responde con amor y armonía, en lugar de con amargura. Tu capacidad de adelantarte a ti mismo y ver el resultado antes de que ocurra hará que actúes de maneras que producirán estos resultados.

Anota aquí lo que se te ocurra.

*La actitud lo es
todo, de modo que
elige una buena.*

# PUSE ESTA SIMPLE OBSERVACIÓN QUE HAS LEÍDO EN LA PÁGINA ANTERIOR EN LA PUERTA DE SALIDA DEL ESPACIO DONDE ESCRIBO.

Este era mi recordatorio diario para darme cuenta de mis pensamientos, y para recordar persistentemente que todos y cada uno de mis pensamientos negativos o temerosos podrían impactar e impactarían en todo lo que experimentaría cada día, y de manera especial en mi propia salud física.

Te invito a copiar estas palabras y ponerlas donde puedas verlas.

# LA MENTE ES UNA HERRAMIENTA PODEROSA A LA HORA DE CREAR SALUD, RELACIONES DIVINAS, ABUNDANCIA, ARMONÍA EN LOS NEGOCIOS, ¡E INCLUSO PLAZAS DE APARCAMIENTO!

Si enfocas tus pensamientos en lo que quieres atraer a tu vida y mantienes ese pensamiento con la pasión de una intención absoluta, finalmente actuarás a partir de esa intención, porque el pensamiento es el antepasado de cada acción.

En cualquier momento de tu vida sé consciente de que siempre tienes elección con respecto a los pensamientos que permites entrar en tu mente. Nadie más puede poner un pensamiento ahí. Independientemente de las circunstancias en las que te encuentres, la elección es tuya. Elige sustituir los pensamientos debilitantes que te quitan el poder por pensamientos de una frecuencia espiritual superior.

No te convenzas a ti mismo de que no se puede hacer, o de que es más fácil decirlo que hacerlo. Tu mente es tuya y puedes controlarla. Tú eres el creador y seleccionador de tus pensamientos. Puedes cambiarlos a voluntad. Esta es la herencia que te ha sido dada por Dios, tu rincón de libertad que nadie puede arrebatarte. Nadie puede controlar tus pensamientos sin tu consentimiento. De modo que elige evitar los pensamientos que te debilitan, y conocerás la verdadera sabiduría. ¡Es tu elección!

Anota aquí lo que estás aprendiendo sobre el poder de tu mente.

# SIMPLEMENTE NO HAY LÍMITES.

Cuando colocas algo en tu imaginación, y te aferras a esa visión interna como si estuviera fijada con super-pegamento, así es como te alineas con la fuente de tu ser. Este es un modo de ser co-creador con Dios, Quien es responsable de la totalidad de la creación. Así es como conectas con tu Socio Superior, y así es como se despliega todo el proceso de manifestación.

He escrito extensamente sobre este poder de manifestación, y a menudo he dicho: "Si pones tus pensamientos en lo que no quieres, no te sorprendas en absoluto si lo que no quieres sigue apareciendo en tu vida".

Asimismo, te animo a evitar dedicar tus pensamientos a lo que otros esperan de ti, o a lo que siempre has sido, o a lo que es difícil o imposible, a menos que eso sea lo que quieres manifestar en tu vida.

Repite para ti mismo el mantra siguiente durante un mínimo de cinco minutos seguidos cada día: *Estoy rodeado por las condiciones que deseo atraer a mi vida.* Dilo rápida y repetidamente, incluso si te sientes ridículo haciéndolo. La repetición te ayudará a empezar a imaginar a las personas o circunstancias adecuadas, los fondos necesarios, o cualquier otra cosa que desees. Mantente desapegado y permite que el Universo cuide de los detalles. Anota cualquier cambio que sientas.

"No estés limitado por las
imaginaciones limitadas de otros".

— MAE JEMISON

El propósito de la vida
es vivir una vida con
propósito.

# A LO LARGO DE LOS AÑOS HE APRENDIDO QUE EL MANTRA DEL EGO ES SIEMPRE ALGUNA VARIANTE DE: *¿QUÉ HAY EN ESTO PARA MÍ? CUIDA DE MÍ, YO SOY LA PERSONA MÁS IMPORTANTE DEL MUNDO.*

Por muy importantes que son los objetivos personales, es mucho más importante domesticar las exigencias del ego. Practica el dar y el servir sin expectativas de recibir algo a cambio —ni siquiera un "gracias" —, y deja que tu recompensa sea la plenitud espiritual.

Para acceder a la guía Divina y hacer que tu vida funcione a los máximos niveles de felicidad, éxito y salud, debes apartar el foco del *Dame, dame, dame.* Más bien, enfócate en *¿Cómo puedo servir? ¿Qué puedo ofrecer? ¿Cómo puedo ayudar?* Cuando lo hagas, el universo responderá de manera similar, preguntándote: *¿Cómo puedo yo servirte a ti? ¿Qué puedo ofrecerte? ¿Cómo puedo ayudarte?*

¿Cómo puedes practicar la conciencia superior sirviendo a otros y al mundo?

---------------------------------------------

---------------------------------------------

---------------------------------------------

---------------------------------------------

---------------------------------------------

---------------------------------------------

---------------------------------------------

"Cada uno de nosotros importa, tiene un papel que desempeñar, marca la diferencia. No podemos vivir ni un día sin tener un impacto en el mundo que nos rodea, y tenemos elección: ¿qué tipo de impacto queremos ofrecer?"

— JANE GOODALL

# SI PUEDES ENCONTRAR EL MODO DE SERVIR A LOS DEMÁS, SIN DUDA TE SENTIRÁS LLENO DE PROPÓSITO.

El propósito guarda relación con el servicio. Construyes porque te encanta construir, pero también construyes para hacer felices a los demás. Diseñas porque tu corazón te dirige a hacerlo, y esos diseños también están al servicio de otros. Escribes porque te encanta expresarte con palabras, pero esas palabras también ayudan e inspiran a los lectores.

Mantén estos pensamientos en mente, particularmente cuando te sientas perdido o inseguro: "Mi propósito guarda relación con dar. Voy a apartar mis pensamientos de mí mismo y voy a dedicar las próximas horas a buscar un modo de ser útil a cualquier persona o criatura de nuestro amenazado planeta". Esto te devolverá a la comprensión de que no importa lo que hagas, siempre que seas capaz de dar.

Reflexiona sobre tus objetivos vitales. ¿Cómo puedes encuadrar cada propósito en un modo de servir a los demás?

## SENTIRTE CONECTADO SIGNIFICA QUE VERDADERAMENTE CAPTAS QUE TODOS SOMOS UNO, Y QUE EN REALIDAD EL DAÑO DIRIGIDO HACIA OTROS ES DAÑO DIRIGIDO HACIA NOSOTROS MISMOS.

Aquí la cooperación suplanta a la competición; el odio se disuelve en el amor; y la alegría reduce a nada a la tristeza. En este nivel, eres un miembro de la raza humana, no de un subgrupo. Aquí, perteneces a la nación que es el mundo con una conciencia global, en lugar de ser un patriota de cualquier país. En la conciencia mística no te sentirás separado de nadie, de nada, ni de Dios. No serás lo que *tienes,* lo que *logras,* ni lo que otros *piensan* de ti. Serás el amado, ¡y habrás cambiado de mentalidad! Ahora los problemas solo serán ilusiones de la mente que ya no llevarás contigo.

Cuando miro atrás a muchas de las decisiones que tomé y que me hicieron avanzar en mi camino, está claro que las tomé exclusivamente sobre la base de lo que sentía que era correcto, lo que me producía pasión y entusiasmo, aun cuando la posibilidad de fracasar y sentirme decepcionado era muy real.

A partir de ahora, intenta contemplar tu propia vida con más claridad —aquí mismo, ahora mismo, en este momento— negándote a ignorar eso que agita la pasión y el entusiasmo dentro de ti. Viniste aquí con una música que tocar, de modo que cuando empieces a armonizarte con eso que solo tú oyes en tu mente, escucha cuidadosamente, párate en seco y estate dispuesto a dar el primer paso en la dirección de esas llamadas sincrónicas. ¡Este es tu yo superior llamándote! Aquí vuelves a emerger con la fuente de tu ser.

Es posible que no tenga ningún sentido para los que te rodean, e incluso podría parecerte ridículo a ti también, pero simplemente entiende que al final no te sentirás decepcionado. De hecho, cualquier persona o cosa que necesites acabará apareciendo en su imprevisible perfección Divina. Incluso si nada parece estar yendo bien y todo parece desastre y decepción, sigue con tu entusiasmo. Declara que estás en un estado de fe y confianza, medita en tu visión y la ayuda acabará llegando. La razón por la que tu entusiasmo interno es útil es porque, en esos momentos, y esto es algo que solo tú sabes, estás alineado con quien realmente eres.

Volviendo a la lista que realizaste al comienzo del diario, ¿qué ha cambiado? ¿Oyes ahora un mensaje claro de tu alma? ¿Qué pasos vas a dar para llevar tu visión a la realidad? ¿Cómo vivirás tu propósito?

# SOBRE EL AUTOR

Llamado afectuosamente por sus fans "el padre de la motivación", el doctor **Wayne W. Dyer** fue un autor, orador y pionero del campo del autodesarrollo reconocido internacionalmente. A lo largo de las cuatro décadas de su carrera profesional escribió más de 40 libros —21 de los cuales llegaron a ser éxitos de ventas del periódico *New York Times*—, creó numerosos programas de audio y vídeo, e hizo miles de apariciones en programas de radio y televisión. Sus libros *Construye tu destino, Sabiduría de todos los tiempos, Hay una solución espiritual para cada problema*, y los éxitos de ventas del *New York Times*, *10 Secretos para conseguir el éxito y la paz interior, El poder de la intención, Inspiración, Cambia tus pensamientos-cambia tu vida, ¡Sin excusa!, Wishes Fulfilled y Ahora puedo ver claramente* se convirtieron en programas especiales de la televisión pública nacional de Estados Unidos.

Wayne tenía un doctorado en pedagogía de la Wayne State University, fue profesor asociado de la Universidad St. John's de Nueva York, y honró su compromiso vital de aprender y encontrar el Yo superior. Dejó su cuerpo en 2015, volviendo a la Fuente Infinita para embarcarse en su siguiente aventura.

Página web: www.DrWayneDyer.com